操作手册

学习动力点燃师特训工具箱

邓子贤 著

中国纺织出版社有限公司

内 容 提 要

全书从积极信念、共情、诊断真问题和因材施教四个板块入手，指导家长修正自己的信念，通过共情式沟通，唤醒、激发孩子的学习动力，同时，为孩子进行学科诊断，制定因材施教的动力点燃方案。作者原创的点燃孩子动力的理念与路径，帮助家长从改变自己入手，影响孩子的动力。坚持做正确的事情，错误就不会发生。帮助孩子体验成功，而不是体验失败。

图书在版编目（CIP）数据

学习动力点燃师特训工具箱／邓子贤著.--北京：中国纺织出版社有限公司，2024.1
ISBN 978-7-5229-1408-4

Ⅰ.①学… Ⅱ.①邓… Ⅲ.①学习动机—家庭教育 Ⅳ.①G442②G78

中国国家版本馆CIP数据核字（2024）第010526号

责任编辑：郝珊珊　　　责任校对：王蕙莹　　　责任印制：储志伟

中国纺织出版社有限公司出版发行
地址：北京市朝阳区百子湾东里A407号楼　邮政编码：100124
销售电话：010—67004422　传真：010—87155801
http://www.c-textilep.com
中国纺织出版社天猫旗舰店
官方微博 http://weibo.com/2119887771
鸿博睿特（天津）印刷科技有限公司印刷　各地新华书店经销
2024年1月第1版第1次印刷
开本：710×1000　1/16　印张：3
字数：45千字　定价：99.00元

学习动力点燃师
点燃学习动力的 4 部曲

01 > 积极信念

02 > 共情

03 > 诊断真问题

04 > 因材施教，制定方案

学习动力点燃师核心

我们相信相信的力量，我的孩子一定行

因为每个生命，都有自我超越的向往，都拥有自我超越的可能

我们相信过程的力量

众生畏果，智者畏因，精细地管理过程，卓越的结果一定达成

我们相信情绪平稳的力量，关系是教育的前提

因为情绪总是先于理性工作，我要觉察自己的情绪，接纳孩子的情绪，
善用情绪技能，调节好双方的情绪

我们相信积极的力量

问题本身不是问题，如何解决才是问题
所以我不会总盯着孩子的问题，而是常去思考他为什么有这样的问题，
以及我有多少可能性，去帮助他解决问题

我们相信聚焦的力量

不要着急，先开始，再完美，从 4 个 1 入手，因为聚焦带来成就，而成
就是坚持的密码

我们相信时间的力量

教育最忌讳急功近利，教育最忌讳一劳永逸，放下急于求成的期盼，教
育不是瞬间的批评和改错，是不断坚持正确的事情，美好自然发生

我们相信学习的力量

我们自己就要成为学习动力点燃师，所以我们自己先要践行终身学习。
人生是一场修炼的旅途，就从这 21 天开始，坚持打卡，不光是孩子，
我们自己也值得成为更好的自己

生命教育大于应试教育

——子贤老师

前言

——孩子学习中的自信和动力，是如何失去的？

应试教育的本质是竞争。

竞争体系下，大量的学习者体验失败是必然的，体验成功是偶然的。

更何况，大量的孩子从小学一年级开始，就一头扎进了"知识的海洋"，不光不会"游泳"，还忘记了"造船"，更不知道要去往的方向——缺失必要的学习方法，不会学习，学起来烦躁、疲惫，加速了失败的到来。

这时，大量的教师、家长，不理解孩子的失败，继续追逐"应试教育"的标准，甚至比学习者还要焦虑，成为"应试教育的延长线""学习失败的代言人"。

"病急就会乱投医"，老师和家长往往开出的药方是"刷题""报班"，就好比一个本来就不会游泳的孩子，家长只想着要不然再游一会儿（刷题），或者换个游泳池再浸泡一下，延长点时间（报班），久而久之，孩子会被怕水的恐惧支配，陷入负面循环——不仅彻底厌学，更会爆发一系列的亲子冲突，把家长也推到了自己的对立面。

关系是教育的前提，成就乃动力的密码。

学习动力的点燃，就是回归本质，帮孩子从根上解决问题。
这个过程，分为 4 步。

第一步：彻底建立积极信念

教育工作者最大的不同，不是能力和方法的不同，而是信念的不同。

√ 相信相信的力量。

√ 相信每个生命都了不起。

√ 相信每个生命，都发自内心地向善、向上、向强。

√ 相信每个生命，都正在深深地经历矛盾。

第二步：共情——彻底与学习者的情绪同频共振

情绪是生命的旋律，情绪是学习的起点。

情绪能同频共振，就拉近了生命的关系，而关系是教育的前提。

第三步：诊断真问题

分数的背后是知识，知识的背后是行为。

√ 盯着分数，持续焦虑。

√ 盯着知识，孩子持续补习，反复打补丁成就不了真正的优秀；家长持续做救火队员，永远怕着火，跳不出焦虑的怪圈。

√ 只有改变行为，才能从根上解决问题。

√ 补知识，年年都得补；补行为，一辈子一次就够了。

第四步：制定因材施教的行动方案

孩子缺失动力的源头是失败，找到导致失败的行为问题，真的做到重新体验成功，才能重燃动力之火。

√ 方案要适合孩子的情况，要敢于帮孩子跳出应试，做减法，调整目标。

√ 方案要改变孩子的学习行为，从根上解决问题。

√ 行为的改变要有细致的操作流程，精细的过程管理，才容易体验成功。

√ 执行过程要有情感陪伴，家庭的总能量为孩子保驾护航。

子贤老师

目录

做好学习动力点燃师的前提——积极信念

为什么要有积极信念？

何期自性，本自具足。

生命最大的特性，是每个生命都有向善、向上、向强的渴望！每个生命都有自我超越的可能！

教育工作者最大的不同，并非能力的不同，而是信念的不同。

一个正常的孩子，自然会有优点，有缺点；在学习上，自然会有擅长的领域，也有不擅长的领域。

当家长满是担心地面对孩子，或者带着绝对化的标准要求孩子，就更容易看到缺点，甚至放大缺点，这是心理学中典型的"负面偏差"。

一旦陷入负面偏差，就会带来"剧本效应"，孩子会仿佛在按照"家长担心的剧本"发展，家长越来越焦虑，在家长的眼中，孩子仿佛也的确拥有了"越来越多问题"，陷入恶性循环。

此外，陷入"负面偏差"的家长，教育孩子的过程里常常容易"过界"，包办替代，孩子的责任感越来越差，生命能量越来越萎缩。

担心就是诅咒，相信即是祝福。

点燃孩子的动力，对教育工作者的首要要求——拥有积极信念！

拥有积极信念不是不关注缺点，而是接纳孩子——有缺点并非问题，而是正常。

拥有积极信念不是任由孩子犯错不管不顾，而是相信孩子自己拥有解决问题的意愿。

拥有积极信念不是逃避问题，而是聚焦做得好的地方，焦点在哪里，进步就在哪里，点燃和放大积极的力量，放大孩子自己生命中的积极，放大孩子的优势，让孩子自己解决问题的能量更强。

拥有积极信念更重要的是不要总焦虑地盯着孩子的问题，而是聚焦正确的事情。教育不是改错，而是不停执行正确的事情，做着做着，错误就会越来越少，甚至不会发生。

怎样保持积极信念？

注意力焦点在哪里，信念就在哪里
积极信念的落地——注意力练习
每日坚持写情绪日记——情绪日记中的"一件好事"，就是积极信念的"注意力练习"

第一阶段：用一周时间，每天如实地记录发生在家庭成员身上的一件好事。

可以是自己身上的，也可以是爱人身上的，还可以是孩子身上的。

刚开始可能发现不了，觉得所有的事都很平常，没什么值得记录。

那就睡觉前"刻意要求"自己用下边的顺序"扫描"一下。

· **自己**

  √ 今天我身上，有没有一件事，经历时或经历后，让我感受愉悦？

  √ 有没有一件事，我做完了，有成就感或收获感？

  √ 有没有一件事，我做完了，感觉促进了一段"关系"（和孩子，和父母，和爱人，和同事，和朋友，和陌生人……）？

  √ 有没有一件事，不管回报如何，我做的时候感觉特别投入？

  √ 有没有一件事，之前不太可能会做，但今天比较主动做？

  √ 今天有没有在某个领域，更好地控制住了自己，更加自律？

  √ 今天有没有在某个领域，更加关注了自己的感受，更加"爱自己"？

· **爱人**

  √ 爱人有没有做一件事情，让我感受愉悦？

  √ 爱人有没有做一件事情，和我有关或无关都可以，但总之我比较认同或者欣赏？

  √ 有没有一件事，我感觉爱人之前不太可能会做，但今天比较主动？

  √ 今天有没有在某个领域，我感觉爱人更好地控制住了自己，更加自律？

  √ 如果都没有，有哪件关于爱人的事情，是我期待发生，真的发生了？

  √ 如果也没有，有哪件关于爱人的事情，是我不希望发生，真的没有发生？

· **孩子**

  √ 孩子有没有做一件事情，让我感受愉悦？

  √ 孩子有没有做一件事情，和我有关或无关都可以，但总之我比较认同或者欣赏？

  √ 有没有一件事，我感觉孩子之前不太可能会做，但今天比较主动？

  √ 今天有没有在某个领域，我感觉孩子更好地控制住了自己，更加自律？

  √ 如果都没有，有哪件关于孩子的事情，是我期待发生，真的发生了？

  √ 如果也没有，有哪件关于孩子的事情，是我不希望发生，真的没有发生？

挑出一件事，如实记录
如果比较多，就挑 3 件事，如实记录
挑选的过程，就在改变自己的"注意力"，记录的过程，就在放大"注意力中的积极"

第二阶段：执行第一阶段一星期后，开始把自己每天的记录说出来。

· **夸夸自己**

吃饭的时候，挑一件事，分享自己的积极：

  √ 今天我身上，有一件事，经历时或经历后，让我感受愉悦。

  √ 今天有一件事，我做完了，有成就感或收获感 。

  √ 今天有一件事，我做完了，感觉促进了一段"关系"（和孩子，和父母，和爱人，和同事，和朋友，和陌生人……）。

  √ 今天有一件事，不管回报如何，但我做的时候感觉特别投入。

  √ 今天有一件事，之前不太可能会做，但今天比较主动去做。

  √ 今天有一件事，我更好地控制住了自己，更加自律。

  √ 今天在某个领域，我更加关注了自己的感受，更加"爱自己"。

分享的目的只是强化自己的积极信念

不是为了获得回应，也不是为了让其他人也跟着说

说完即可，无论其他家庭成员有没有回应，如何回应，都无须"有所期待"

· 夸夸爱人

吃饭的时候，从下面的事件里挑出一件，说出自己看到爱人身上的积极：

√ 你今天做了一件事，让我感受愉悦。

√ 你今天做了一件事，我非常认同或者欣赏。

√ 你今天做了一件事，我总感觉你之前不太可能会做，但今天比较主动去做。

√ 你今天做了一件事，我感觉你更好地控制住了自己，更加自律。

√ 你今天身上有件事，是我期待发生，真的发生了。

√ 你今天身上有件事，是我不希望发生，真的没有发生。

刚开始夸爱人可能会显得难为情，别扭

但勇敢去做，你一定会感激今天的自己

家庭的能量场，因你而发生改变

不过注意：分享的目的只是强化自己的积极信念，无论爱人是否回应，如何回应，都无须"抱有期待"，全然接纳，相信时间的力量

· 夸夸孩子

吃饭的时候，从下面的事件里挑出一件，说出自己看到孩子身上的积极：

√ 你今天做了一件事，让我感受愉悦。

√ 你今天做了一件事，我非常认同或者欣赏。

√ 你今天做了一件事，我总感觉你之前不太可能会做，但今天比较主动去做。

√ 你今天做了一件事，我感觉你更好地控制住了自己，更加自律。

√ 你今天身上有件事，是我期待发生，真的发生了。

√ 你今天身上有件事，是我不希望发生，真的没有发生。

孩子不在家，就先练习"夸夸自己 + 夸夸爱人"

这样孩子在家时，你会很自然地夸夸孩子，而不显得刻意与套路

如果孩子在家，无论孩子是否回应，如何回应，都无须有所期待，相信时间的力量

执行时

可以三个人都夸

也可以先从夸夸自己开始，循序渐进

刚开始也许会难为情，但只要做了，你一定会感激勇敢的自己

家庭的能量场，因你而发生改变

PS：积极信念的练习为什么要归入"情绪日记"？

1. 为了方便，就 1 个本，练习起来方便。

2. 根据"ABC 法则"，情绪的本质来源，是信念。

消极情绪的起源，往往是过度的"负面偏差"，或者"绝对化的标准"，这两者都是强大的"消极信念"。注意力练习改变信念，情绪也会越来越平稳。

如何接纳理解孩子的情绪问题——共情技能

让共情成为一种习惯——情绪日记

情绪是学习的起点。

情绪无处不在，贯穿孩子学习的全过程。

更重要的，情绪是生命的旋律。从"与生俱来的第一声啼哭"，到"饿了就叫、开心就笑"，不需后天学习，印在每个生命的基因密码里。

所以生命教育的核心，就是与孩子的情绪同频共振。

比如孩子失败了，不开心，我是该鼓励孩子、安慰孩子，还是该严格要求，逼孩子一把？

这些手段都是外在，不是本质。时刻与孩子的情绪同频共振才是关键。

有时孩子需要成就，这时安慰和鼓励反而不走心；有时孩子已经疲惫到家，持续地严格要求只会让紧绷的弦马上就断。

教育面对的是生命，生命的情绪在时刻波动。

所以教育更像艺术，不是遵循唯一正确的标准的科学，而是随生命而动。

如何与孩子的情绪同频共振？

这就需要用到一套组合拳：**情绪翻译机 & 我信息**。

> **组合拳**
>
> **情绪翻译机：**觉察到孩子有情绪时，陈述事实＋情绪翻译（一定做到客观地陈述事实，不要加入任何的主观评价和感受）
>
> **我信息：**觉察到自己有情绪时，陈述事实＋表达感受（一定表达出这件事对自己的影响，和自己的感受。同时，警惕愤怒，不轻易把愤怒当成自己的真实情绪，一定思考愤怒背后是因为委屈、担忧还是什么）

组合拳虽然好用，但是对家长的熟练度要求较高，需要家长不断地练习，**情绪日记**就为家长提供了练习的空间。**情绪日记**将积极信念与组合拳相结合，让家长发现积极的同时，反思自己的不足，让自己持续放大积极，改变消极。

> **情绪日记**
>
> **第1步，积极复盘：**每天写一件好事，记录在情绪日记本上
> **第2步，回想：**每日睡前，回想今天或最近和孩子的所有对话
> **第3步，记录：**尤其是自己不高兴，或者孩子不高兴的对话，记录在情绪日记本上
> **第4步，思考：**如果重新聊一次
> 　i. 哪句话可以使用 "情绪翻译机"
> 　ii. 哪句话可以使用 "我信息"
> 　iii. 记录在情绪日记本上
> **情绪日记的核心就是放大积极改信念，反思对话修情绪**

不论家长和孩子之间出现了什么问题，有没有情绪问题，都建议家长执行**情绪**

日记，有问题的可以及时修正，改善亲子关系；没有问题的可以防患于未然，让亲子关系更加紧密。

孩子为什么不听我的？

因为没有人喜欢"被要求""被控制""被某种目的限制自我"。

有家长会说，有的时候就得"限制自我"。

对，自己可以限制自己，但别人不行，哪怕亲爹亲妈，这是人性，亘古未变。

所以，家庭教育中"边界不清晰"，是很多"家庭冲突"的根源。

"为了你好""你现在不懂""等你怎么怎么样了就明白了""必须听我的"……本质上都是在提建议时，忽略了"清晰的边界"。

让孩子感受到，我们不是"提建议"，而是"控制"与"要求"。

如何减少此类冲突，更重要的是，让孩子真的听进去我们"真的为他好"的建议？

家长提建议三部曲

第1步，组合拳： "情绪翻译"+"我信息"；卸掉"情绪"，确保双方不会在情绪里"话赶话"

　　i. 不论什么时候，情绪都是优先级最高的，一定先解决情绪问题，再谈其他

　　ii. 如果这套组合拳还打得不熟练，建议先尝试练习情绪日记

第2步，立场明确： 我只是提建议，"决策权"在你

　　i. 情绪平复后，再提建议，否则就是伤害孩子的十把武器之一了

　　ii. 一定跟孩子表明，我只是提建议，听不听、采不采纳，取决于你

第3步，建议尽可能多提几个： 提供选择，学会主动搜索（全平台皆可搜索）

　　i. 一定多做几个方案，给孩子的选择越多，孩子接受的可能性越高

　　ii. 如果想不出方案，可以问他人（学习顾问）、进行网络搜索等

家长提建议三部曲的核心就是把责任还给孩子，把决策权还给孩子

做到"提建议三部曲"的前提——积极信念

为什么家长总容易"越界"？

本质上还是不相信。

1. 不相信孩子有"向善、向强、向上"的渴望；孩子不是"不愿意"，而是"做不到"，正在经历"某种困难"，需要的是"理解＋帮助"，而非"要求＋催促"。

2. 不相信孩子有解决问题的"能力"或"智慧"；孩子需要"建议"，而非"替他做决定"。

3. 不相信这件事可以晚一些解决。孩子需要通过"挫折"学习，让子弹飞一会儿。在事儿上学，一件事就够了；讲道理，10000句可能不顶一件事。

4. 不相信孩子栽跟头后，生命有力量能够调整自我；孩子往往没有我们预设的那么脆弱，相信即是祝福，担心就是诅咒。

看一下自己的越界，是哪种不相信。

只要不触及三大底线的事情，家长都可以试试"提建议三部曲"，培养有责任感的孩子。

家庭会议
——家庭里的共情仪式，仪式让爱落地

吐槽大会——操作指南

吐槽大会的核心目的

　　每个家庭成员，不仅是孩子，都值得拥有一个合理的家庭情景，可以表达自己曾经积压的情绪。

吐槽大会的召开建议

　　a. 选择会议主持人，主持人提前为每一个成员说明规则，并且提出如果有参与成员触犯规则，超过 3 次，主持人有权力终止会议。

　　b. 规则有 5：

　　　　Ⅰ. 被吐槽的人，不能生气

　　　　Ⅱ. 被吐槽的人，不允许解释

　　　　Ⅲ. 吐槽的人，要有发言时长限制，建议 3~5 分钟，也可以根据自己家的情况限定

　　　　Ⅳ. 吐槽的人，可以吐槽，但不能骂人或带有强烈的情绪

　　　　Ⅴ. 除此之外，没有限制

> 　　解释下规则 5，比如：很多家长会对孩子的吐槽进行各种各样的限制，包括限制对象（比如不能吐槽老师）等，这就是违反了规则 5。
>
> 　　还有些家长不敢吐槽孩子，这也违反了规则 5。规则讲明白，不愿意参与就不参与，但愿意参与就人人平等。
>
> 　　只要做到了前 4 条，其实一切对象皆可吐槽。因为道理是道理，对错是对错，情绪是情绪。家里的每个成员，都应该有一个合理的场景，表达自己曾经被积压的情绪。

　　c. 主持人也可以参与吐槽。

　　d. 建议召开吐槽大会前，可以家庭成员共同观看腾讯视频综艺节目《吐槽大会》，至于看哪一期，可以选择一个孩子喜欢，或者家长喜欢的明星，看有那个明星参与的一期。

吐槽大会——家长的心路历程复盘表

以下为家长的心路历程复盘表，每次开完吐槽大会，家长可以按照表格当中的内容进行填写，想一想这次吐槽大会自己和孩子发生了什么样的改变，有哪些地方可以做得更好。

吐槽大会 家长的心路历程复盘表

主持人：

吐槽时间		参会人员	
会议主题		会议地点	

孩子吐槽内容

家长吐槽内容

家长心路历程

孩子前后变化

契约型家庭会议——操作指南

契约型家庭会议的核心目的

1.设立规则与底线：比如手机使用的规则。

2.化解"目标不一致"：比如孩子想参与绘画比赛，但家长觉得耽误学习，谈不妥，甚至爆发冲突，不仅双方的目标都达不成，还破坏关系。

电子产品使用协议书

以下协议内容为双方本着平等自愿原则共同订立，双方均应严格遵守。

具体协议	电子产品使用区	
	电子产品使用时段	工作日： 节假日：
奖惩	奖励	
	惩罚	

协议有效期限：　　　　　　　　　签订日期：

签字：

契约型家庭会议类型 1——设立规则

父母有责任帮助孩子设立成长底线。

影响健康与生命安全、容易上瘾的事情、为人为学的本分，与这 3 类事件相关，应该设立孩子的行为底线。

涉及底线的问题，不能单纯依赖简单的日常沟通解决，否则会反复拉锯，而应该订立契约，按照大家都同意的约定，直接执行奖惩。

以电子产品的使用为例，简述设立规则的契约型家庭会议如何召开。

Step1：关系是教育的前提，父母优先考虑自己和孩子的情绪银行是否透支，有没有能量基础和孩子进行契约沟通

√ 如果不具备情绪情感基础，建议先书写情绪日记 1 个月，并尝试召开一次吐槽大会，再召开契约型家庭会议

√ 父母即使判断和孩子的关系不错，也建议书写情绪日记 2 周后，再尝试召开契约型家庭会议，因为即使父母认为和孩子关系不错，但如果孩子比较看重手机，或者孩子认为父母又学会了一个新套路来套路自己，很可能敷衍这次会议，假装答应，最后无法执行

√ 情绪日记帮助父母建立共情的沟通习惯，可以更多地避免上述情况

Step2：父母认真思考，并初步填写电子产品使用协议书

√ 不要过于理想化，考虑孩子的真实情况

√ 奖励和惩罚都遵循时间换时间原则，也不设定过多的物质奖励

- 因为手机不是学习的奖励，要相信孩子想学好，而不是为了手机才想学好。
- 此外孩子也是正常人，需要放松与社交，所以想使用手机也很正常。
- 作为父母，有责任帮助孩子在容易上瘾的事情上设立底线。
- 这是三件事，区分清楚，用积极和正气引领一个孩子的成长。
- 奖励的时间换时间，可以从两个角度入手：

  a. 遵守规则达成一定条件，可以大开脑洞，除了可以奖励电子产品使用，还可以从兴趣爱好、阅读、运动、社交、一直期待的家庭活动（比如电影、聚餐、去什么地方），甚至邀请孩子安排家庭时间（比如一起去真人 CS、剧本杀等）。

  b. 孩子觉得现有规则下，电子产品使用时间不够用，可以用学习时间兑换，设计兑换规则即可。注意，不是用学习成绩兑换，而是用有质量的学习时间兑换（质量可以是过程质量，比如过程里使用什么方法；也可以是任务结果的质量，比如这段时间一定要背会多少个单词）。

√ 惩罚适度考虑弹性

√ 协议应该设立有效期限，不建议超过 2 个月

√ 执行过程中有问题可以到期后调整；执行过程中碰到重大问题可以提前开会调整

√ 提前设想孩子可能哪里不同意，并梳理自己可以接受的底线，同时预想下如果孩子不同意，如何沟通（暂停沟通，或使用某种沟通技巧）

Step3：与孩子开会

√ 沟通家长提前写好的内容，并修改
√ 达成一致后签字
√ 张贴在家人都能看见的地方
√ 允许孩子讨价还价
√ 时刻觉察双方情绪，尽量不陷入无效沟通
√ 牢记沟通目标：我不是开会限制你，是找寻一个目标，你和我都能接受的目标
√ 无论是家长还是孩子，要允许沟通不成功，但无论失败多少次，不要假设沟通一定不成功
  · 沟通有可能达不成一致，但不沟通，或者假设沟通一定会失败，必然会陷入情绪，真正导致无效沟通的一定是情绪。
  · 这样双方最终都达不成希望，还会破坏关系。对孩子，就算要挟家长成功了，也不痛快；对家长，就算强制成功了，也会反弹。

Step4：执行

√ 要允许计划赶不上变化
√ 父母要时刻觉察执行协议时双方的情绪变化，坚持情绪日记
√ 在执行过程中可以召开一次吐槽大会，在吐槽大会里加入一个专项时间，邀请双方就协议执行情况进行一次吐槽
√ 出现严重冲突，可以再次开会重新调整协议条款

成功召开契约型家庭会议，并真正落实电子产品使用协议的核心有 2：
1. 坚持情绪日记，成为共情专家。
2. 积极信念，用积极和正气引领孩子成长。

"第三选择"责任书

以下协议内容为双方本着平等自愿原则共同订立，双方均应严格遵守。

具体协议	孩子拟达成愿望	
	孩子履行责任协议	每日计划执行： 每日时段执行： 每周计划执行： 任务计划：
	家长协助责任协议	
双方做不到解决措施	孩子	
	家长	

协议有效期限： 　　　　　　　签订日期：

签字：

契约型家庭会议类型 2—— 化解 "目标不一致"

生命是探索与不断突破的历程，关系再好，难免也会和代表权威的父母不一致。智慧的父母，通过契约型家庭会议，可以和孩子找到 "新的一致"。

以 "孩子想要参与一个漫画比赛，父母担心影响学习死活不同意" 为例，简述化解 "目标不一致" 的家庭会议如何召开。

化解目标不一致，本质上是找寻 "第三选择"。

Step1: 关系是教育的前提，父母优先考虑自己和孩子的情绪银行是否透支，有没有能量基础和孩子进行契约沟通

√ 如果不具备情绪情感基础，建议先书写情绪日记 1 个月，并尝试召开一次吐槽大会，再召开契约型家庭会议

√ 父母即使判断和孩子的关系不错，也建议书写情绪日记 2 周后，再尝试召开契约型家庭会议，因为情绪日记帮助父母建立共情的沟通习惯，可以避免很多无效沟通

Step2: 父母认真梳理，自己的担心和恐惧究竟是什么，借此判断自己的"底线"

√ 担心的不是孩子参加漫画比赛，而是学习

√ 父母对孩子的焦虑往往来自身心健康焦虑、升学焦虑、不可控制焦虑

  · 第一个焦虑往往存在客观的真实底线，也是应该坚守的底线。

  · 第二个焦虑也存在客观的真实底线，但往往：

    a. 不止一个解决方案，比如高考的升学路径除了文化课，还有艺考、体考、出国等其他选择。

    b. 升学往往不是瞬间可以解决的问题，不应该抱有只要发生什么，就来不及的预期。

  · 第三个焦虑往往不存在客观的真实底线，是父母的信念诱导的焦虑和恐惧，担心就是诅咒，相信即是祝福。

√ 底线是学习（升学焦虑）

  · 学习不在于一时，不是瞬间决定成败的事情。

  · 那就设定和学习有关的责任义务，达成的条件下，鼓励孩子也去追寻漫画比赛的目标，两个都要，就是 "第三选择"。

  · 和学习有关的责任义务，要符合 4 有原则，确保精细的过程。

Step3: 父母初步填写"第三选择"契约书

√ 重点思考家长协助的责任义务：这是与孩子达成一致的关键

√ 什么是家长协助的责任义务？

  · 基于 "第三选择"，建议父母思考自己能否为孩子提供一些帮助。

  · 认真思考这个问题，有助于父母转变立场：从只是要求孩子学习（孩子感觉有压力），转变为我支持你实现愿望，同时关注你的学习（孩子感觉被

理解）。

- 因为我相信你也想学好，同时你也想达成这个愿望，这两件事并不冲突和矛盾。
- 所以为了支持你达成愿望，我会做……同时为了帮助你学好，我也会做一些监督管理工作。
- 用积极和正气引领孩子成长。

Step4：与孩子开会

√ 沟通家长提前写好的内容，并修改

√ 达成一致后签字

√ 张贴在家人都能看见的地方

√ 时刻觉察双方情绪，尽量不陷入无效沟通

√ 牢记沟通目标：我不是开会限制你，是找寻一个目标，你和我都能接受的目标

√ 无论是家长还是孩子，要允许沟通不成功，但无论失败多少次，不要假设沟通一定不成功

- 沟通有可能达不成一致，但不沟通，或者假设沟通一定会失败，必然会陷入情绪，真正导致无效沟通的一定是情绪。
- 对孩子，人生不能只有愿望，没有义务与责任。对父母，孩子的情绪要接纳，要理解；孩子的愿望也要接纳，要理解。

Step5：执行，就"第三选择"的新目标，努力成功

√ 既然定了目标，就要努力成功

√ 执行时父母最重要的 4 个工作：

- 提示目标：我们都想要，我们都要成功。
- 鼓励：我们相信你，你渴望成功。
- 共情：时刻觉察双方的情绪变化，坚持情绪日记。
- 支持：提供力所能及的支持，而非单纯的管理和控制。

√ 在执行过程中可以召开一次吐槽大会，在吐槽大会里加入一个专项时间，邀请双方就协议执行情况进行一次吐槽

√ 出现严重冲突，可以再次开会重新调整协议条款

总之，成功召开契约型家庭会议，并真正带领孩子赢得新的目标，核心有 3：

1. 坚持情绪日记，成为共情专家。

2. 积极信念，用积极和正气引领孩子成长。

3. 立场明确，我不是一个单纯的监督者，更是一个鼓励者和支持者。

帮助契约型家庭会议成功的一些技巧

1. 开会中技巧

a. 会议中出现"情绪爆发"的沟通技巧

第一种情况：家长现有情绪，即将引发冲突——运用我信息

第二种情况：觉察到孩子有情绪——运用情绪翻译机

第三种情况：有一方爆发了强烈的情绪，或者双方爆发了强烈情绪——说出家庭暗号，暂停会议，商量时间，择日重新开会

无论哪种情况，需要家长至少连续2周书写情绪日记，加强"共情"的沟通习惯。

b. 会议中孩子出现"沉默"的应对技巧

孩子的沉默分3种类型，需要家长学会区分：犹豫型沉默、违抗型沉默、成长型沉默。其中前两种沉默更多见一些。

√ 犹豫型沉默：明显的表现是孩子没有太多情绪波动，但不说话，或者欲言又止

- 核心技巧：重塑立场，诉诸利益。
- 重塑立场：我不是来约束你的，而是一起在沟通找办法／我不是来约束你的，是来给你提建议的／我不是来约束你的，是来帮助你的——重塑立场，给孩子安全，用安全影响犹豫。
- 诉诸利益：这样做的好处／我能给你的支持／你不能光想坏的，你想想好的／帮孩子比较利弊——诉诸利益，用利益影响犹豫。

√ 违抗型沉默：明显的表现是孩子开始烦躁，或者很消极（摆烂，"我说了也没用"）

- 核心技巧：违抗型沉默一般不要期待在当时解决。
- 建议使用情绪翻译机，然后立即休会。

　　你没有说话，理解你现在有些烦躁，这样吧，也许我们准备不充分，但我希望你想想我的建议，我不是在单纯约束你，而是在一起沟通找办法，我们找个时间，再次沟通。

- 会后坚持写1个月情绪日记。
- 经常出现违抗型沉默，证明孩子和我们之间的情绪、情感银行存在一定程度的透支，需要"写情绪日记"进行储蓄。
- 建议执行1个月情绪日记，并尝试优先召开吐槽大会。

√ 成长型沉默：一般不在家长主导的沟通中出现，在比较自由的交流中出现，表现为孩子若有所思，若有所悟，不希望有人打扰

- 核心技巧：家长也尽量保持沉默，并在事后邀请孩子分享自己的想法或收获。

2. 开会后技巧

a. 用仪式订立契约，而不是随口说说，而且一定要所有参会人员签字

b. 契约一定要有期限（建议1~2个月），不要遥遥无期

到期后建议复盘契约，商量是否需要修改。

过程里爆发严重冲突，可以立即重新开会，修改条款。

自测：您是一个溺爱孩子的父母吗？

我们描述了 12 种常见的养育 / 教育行为，请您按照自己是否做过，在后边打钩。
如果您没有做过类似行为，请您根据是否认同这种行为，在后边打钩。

1	孩子吃得太少了，让他自己吃还是不行，趁这会儿玩积木比较专注，我赶紧再给他喂几口。	是（　）	否（　）
2	上了一天班回到家累得够呛，孩子让我陪他玩，我跟他商量："妈妈太累了，先休息一会儿好吗？"孩子说："不要，妈妈陪我玩嘛"，于是我强忍着疲惫陪他玩儿。	是（　）	否（　）
3	孩子说"体育课太累了，实在受不了！"我怕孩子累坏，向老师请假不上体育课。	是（　）	否（　）
4	孩子要跳到钢琴上用脚踩琴键去弹奏，我觉得这是孩子自由的天性，要保护。即使琴坏了又怎样呢？孩子的自由发展最重要。	是（　）	否（　）
5	孩子摔倒了，看他想爬起来那么难，哭得可怜，我实在不忍心，直接把他抱起来了，后面每次摔倒我都紧张，赶紧把他抱起来。	是（　）	否（　）
6	孩子看上一辆玩具遥控车，六百多元，要买，家里已经有好几辆了，我说不买了，他死活不愿意，当场撒泼打滚，我只好给他买了。	是（　）	否（　）
7	孩子每次尝试自己洗鞋、袜子，一看到他没洗干净，我就抢过来帮他洗。	是（　）	否（　）
8	今天中午做了一道红烧肉，想着孩子一定爱吃，放学回来孩子一看说："腻得要死，我可吃不下，我要吃西红柿炒蛋，别的都不想吃。"时间来不及了，我赶紧骑车去买西红柿，回来炒给孩子，吃完送他上学，我没吃饭就上班去了。	是（　）	否（　）
9	孩子放学回来很生气："妈妈，你怎么没把我的数学练习册放书包里去呀？害得我今天被老师批。"我害怕孩子发起脾气来，赶紧道歉："对不起啊，今天妈妈再收拾书包一定不会再落下书了。"	是（　）	否（　）
10	孩子过生日，我给他买他最爱吃的蛋糕、最喜欢的礼物，我过生日，孩子什么也没给我送。问他为什么不给我送礼物呢，他回答说：我不知道你需要什么，再说了，你需要什么、喜欢什么跟我有什么关系！	是（　）	否（　）
11	孩子拿了其他小朋友的玩具，我并没有制止他。小孩子嘛，玩完了，再还回去，没关系！	是（　）	否（　）
12	学校组织露营，在野外能保证食物都卫生吗？还那么多蚊子，同一个帐篷的同学万一打鼾影响我孩子休息怎么办？我越想越不放心，孩子非要去，于是我偷偷跟着他们，在附近暗中观察，万一有什么不好我第一时间赶到。	是（　）	否（　）

在以上 12 个问题中，如果您有 **9 个**或以上的回答为 **" 是 "**，您很有可能是一位**溺爱孩子的家长**，而且您并没有觉察到"溺爱"。

觉察就是进步，建议您使用"契约型家庭会议"为孩子制定规则。

如果您对以上所有 **12 个**问题的回答都为 **" 是 "**，建议您悬崖勒马，您需要**立即改变**，家庭里要有底线与原则！

自测：您是缺位的父（母）亲吗？

如果您是一位父亲／母亲，请您在下面的陈述中进行选择。

1	我知道孩子每学期在班上的行为表现和学习成绩。	是（　）	否（　）
2	我知道孩子好朋友的名字以及他们为什么成为朋友，知道他们在一起一般做什么事。	是（　）	否（　）
3	孩子知道我的工作是什么以及工作地点。	是（　）	否（　）
4	孩子最少能叫出我一个朋友的名字。	是（　）	否（　）
5	我知道孩子平时零用钱的用途。	是（　）	否（　）
6	我了解孩子的某项爱好或特长，并持续培养。	是（　）	否（　）
7	孩子知道父母的饮食喜好。	是（　）	否（　）
8	孩子遇到开心的事或者遇到困难，都会和我说。	是（　）	否（　）
9	我知道孩子的身高体重，清楚孩子的健康状况。	是（　）	否（　）
10	我知道孩子正在读的书、喜欢的电视节目或游戏名称。	是（　）	否（　）
11	孩子知道我们家大概的收支状况。	是（　）	否（　）
12	孩子知道我的身体状况。	是（　）	否（　）

如果您回答**"是"**的数量少于**9个**，那么您应该警惕了，您很有可能是一位**"缺位"**的父（母）亲。
孩子不了解我们，往往是父母不主动提供沟通环境和沟通机会导致的。
建议您务必坚持"情绪日记"至少1个月，并在家庭中认真召开一次"吐槽大会"。

如何诊断孩子的学习问题

学习问题诊断全图

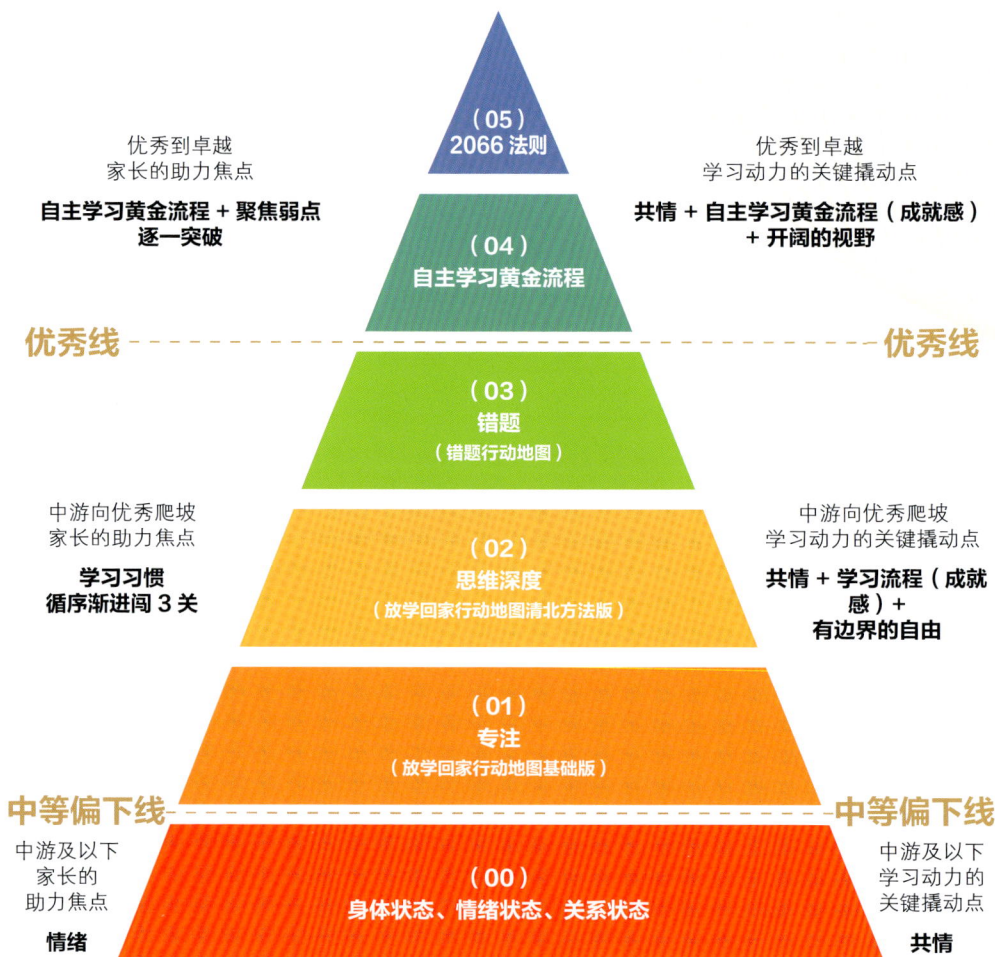

（05）
2066 法则

优秀到卓越
家长的助力焦点

自主学习黄金流程 + 聚焦弱点
逐一突破

优秀到卓越
学习动力的关键撬动点

共情 + 自主学习黄金流程（成就感）
+ 开阔的视野

（04）
自主学习黄金流程

优秀线 - **优秀线**

（03）
错题
（错题行动地图）

中游向优秀爬坡
家长的助力焦点

学习习惯
循序渐进闯 3 关

中游向优秀爬坡
学习动力的关键撬动点

共情 + 学习流程（成就
感）+
有边界的自由

（02）
思维深度
（放学回家行动地图清北方法版）

（01）
专注
（放学回家行动地图基础版）

中等偏下线 - **中等偏下线**

中游及以下
家长的
助力焦点

情绪

中游及以下
学习动力的
关键撬动点

共情

（00）
身体状态、情绪状态、关系状态

※ 中等偏下的标准主要参考学校排名，如果没有排名，小学参考平均分 80，初中参考总成绩 70%，高中参考总成绩的 60%

※ 优秀的标准主要参考学校排名，如果没有排名，小学参考平均分 95，初中参考总成绩的 90%，高中参考总成绩的 80%

生命教育＞应试教育。
学习动力点燃师对孩子的学习有一张全面的地图。

· **当孩子的成绩达不到中等偏下线时，排除身体因素，大概率是孩子几乎丧失了学习动力，不愿意学习。**

这时家长的焦点至关重要。家长只盯学科，势必也会非常焦虑，所有在家庭的动作自然成为应试教育的延长线，孩子感觉没有喘息的空间，也不被理解，要不然更加焦虑，要不然彻底关闭心门，整个家庭陷入负面循环。

我们建议这个分数段孩子的家长，注意力焦点全面转向关注孩子的情绪，共情失败：坚持情绪日记 1~2 个月，尝试召开吐槽大会。此外，我们建议这个成绩段的家长朋友，帮孩子找到一个情绪容器，比如体育、兴趣爱好等——当孩子的生命状态开始放松时，成绩的改变往往是自然而然的结果。

· **当孩子的成绩在中等偏下与优秀之间——这个阶段的学习者人数最多。**

1. 如果孩子完全听不进家长的建议，我们依旧建议家长的注意力焦点全面转向关注孩子的情绪，学会共情孩子在学习中体验的失败，坚持情绪日记 1~2 个月，尝试召开吐槽大会。关系是教育的前提。

2. 如果孩子能和家长交流学习：

 第一，我们仍旧建议，一定要坚持情绪日记，因为共情是一种习惯，可以提升家庭能量，为孩子的改变创造良好的环境基础；

 第二，我们建议家长带领孩子循序渐进地落实学习流程。

  a. 所有知识漏洞的背后，必有行为漏洞。补知识，年年都得补，补行为，一辈子一次就够了。

  b. 先不用关注点上的学科行为，关注面上的学习习惯。先从专注开始，家长能协助的专注是作业专注；其次是思维深度，家长能协助的思维深度是作业中的思维深度；最后当孩子落实了前两层，错题慢慢减少，推动孩子深度地归纳错题，确保在同一个地方，不会重复跌倒。

  c. 3 层学习习惯，建议逐层落实，每层尝试至少 1~2 个月。

  d. 每层落实时，也建议逐步落地（比如放学回家行动地图的清北方法版，有 8 个步骤）。慢就是快，小步骤，阶梯化，容易让孩子体验成就感。

  e. 在某层的某个具体方法卡壳、出现问题时，可以降级训练，也可以暂时跳过，总之不纠结标准，因为情绪一旦稳定，成就感是激励孩子坚持的密码。先开始，再完美，能开始干，就是成就。

 第三，孩子的学习处于这个阶段，家庭里建议设立"有边界的自由"。

  a. 孩子为什么要使用这些学习流程？核心的驱动力是按照流程完成学习任务后，可以赢得自主安排的时间。

  b. 当然，这个自由拥有清晰的边界，我们建议设立两个边界：

- 一是任务的质量标准，比如抽查某个学习方法的执行质量（过程质量），或者数学作业最多错 2 个题目（结果质量）；
- 二是虽然时间可以自主安排，但有些事情在工作日不能干，比如周日到周四的晚上不能使用电子产品，或者必须严格限定电子产品的使用时段（召开家庭会议和孩子共同商量、确认）。

· 当孩子的成绩已经到达优秀线时，如何持续保持领先，冲刺卓越？

家长的焦点：帮助孩子的学习能力尽量稳定，同时推动孩子走向完全的自主学习者。

- 优秀的孩子也会体验失败，甚至更容易体验失败（自己对自己的要求较高）。关系永远是教育的前提。情绪是一场修行，坚持情绪日记，定期召开家庭会议。
- 日常学习建立以课堂和预习为核心的自主学习黄金流程，追求卓越的课堂效率。
- 周六日、寒暑假针对每次考试、习题中的弱点，使用针对弱点的专项练习方法（参照学科诊断清单），或者使用 2066 法则，总之采纳聚焦策略：集中练习，集中归纳，集中重复。学习动力点燃师一定要明确，从优秀冲刺卓越，核心依赖的是刻意练习，是练习到卓越的，不是看书、听讲听到卓越的。
- 高度注意孩子的视野拓展：阅读、旅游、新闻、体育、社会活动等，推动孩子找寻自己的人生意义。

学科诊断清单

学科诊断清单按照学科类型分为：数学、语文和英语。

只有科学地诊断才能做到因材施教，制定适合自己孩子的学习动力点燃方案。

数学学科的诊断

主要问题 问题一定是一系列的 分析问题要 抓主要矛盾	具体诊断方法	学习能力提升方案
1. 分数就是血常规 先看孩子的分数段，用分数做初步诊断		
畏难情绪 学习动力	小学校内考试低于 80% 初中校内考试低于 70% 高中校内考试低于 60%	家长要帮助孩子，但不是直接帮助学科学习，而是把注意力焦点全面转向关注孩子的情绪，共情失败： 坚持情绪日记 1~2 个月，尝试召开吐槽大会。 4 年级以下的孩子，高度重视专注力练习，并用游戏的方式陪孩子做计算比赛； 4 年级以上的孩子，尝试引导练习754，觉得难立刻降级训练，并建议引入比赛等游戏规则； 此外，我们建议孩子的数学成绩在这个分数段的家长朋友，周末约定好时长，试着引导孩子看一看 B 站上的数学科普、纪录片和对应年龄段的视频课
学习流程	小学校内考试介于满分的 80%~95% 初中校内考试介于满分的 70%~90% 高中校内考试介于满分的 60%~80%	家长着重帮助孩子重建学习流程： 第一，仍旧建议，一定要坚持情绪日记，提升家庭能量，为孩子的改变创造良好的环境基础； 第二，聚焦数学学科，循序渐进落地学习流程——专注、思维深度、错题。 ·3 层学习习惯，建议逐层落实，每层尝试至少 1~2 个月 ·每层落实时，也建议逐步落地（比如放学回家行动地图的清北方法版，有 8 个步骤） ·在某层的某个具体方法卡壳、出现问题时，可以降级训练，也可以暂时跳过

2. 已经到达优秀线
分层诊断

基本功 优秀也可能 基本功不扎实	4 年级及以上的孩子，直接进行一次 754 诊断，做不了全对或 7 分钟做不完； 低于 4 年级的孩子，用 33 口算检验	流程能力或计算能力有问题，执行计算进阶练习 754 →分数计算（5、6 年级）→有理式的加减与幂的运算（初一年级）→因式分解→分式计算→根式计算（初二年级） 执行到对应年级计算题型为止。 同时建议学习者选择一个学习流程坚持使用
概念 某些知识的 概念有问题	错题概念诊断四部曲（有基本功问题的孩子不需要诊断概念问题，先夯实基本功） 1. 找一道孩子的错题，确保这道题已经会做了 2. 孩子照着这道题的标准答案回答：这道题考察了哪些知识点？ 3. 这些知识点，在课本的位置，大概在哪里？ 4. 这些知识点，在课本中讲解的顺序是什么？ （什么是顺序：至少应该包含概念的定义、例子或例题、推导过程） 以上 4 个问题，照着答案能不能自己清晰地表达出来	这 4 个问题有一个答不出来，该知识点的概念存在问题，重新学习这个概念。 可通过 B 站、教辅、课本、问老师等途径重新学习后，用"错题概念诊断四部曲"做检验，同时建议学习者选择一个学习流程坚持使用
模型 某些题型模型 不熟练	错题模型诊断三部曲（有概念问题的孩子不需要诊断模型能力，先夯实概念） 1. 找一道孩子的错题，确保这道题已经会做了 2. 问孩子在脑海里有没有和这道题相似的例题 3. 求解这道题的目标有没有常见的公式、套路、思考方式？ 以上 3 个问题，能不能清晰地表达出来	这 3 个问题有 1 个答不上来，存在模型问题 需要执行 2066 法则 + 归纳总结清单，同时建议学习者选择一个学习流程坚持使用

除了语文、英语两个语言类学科，其他学科［物理、化学、生物、历史、政治（道法）、地理］都可以参照数学的学科诊断流程进行诊断。

只不过物理、化学、生物、历史、政治（道法）、地理这 6 个学科不涉及基本功，可以直接从错题入手，先执行概念诊断四部曲。排除概念问题，再执行错题模型诊断三部曲。找到对应的问题，对症下药，制定适合学习者的方案。

因为无论是数学、物理、化学、生物这样的理科，还是历史、政治（道法）、地理这样的文科，本质上都是思考类学科，以概念为地基，题目是模型。

语文学科的诊断

1. 分数就是血常规		
先看孩子的分数段，用分数做初步诊断		
主要问题 问题一定是一系列的 分析问题要抓主要矛盾	**具体诊断方法**	**学习能力提升方案**
畏难情绪 学习动力	小学校内考试低于 80% 初中校内考试低于 65% 高中校内考试低于 55% （语文不同于其他学科，主观题较多，所以标准稍低一些）	家长要帮助孩子，但不是直接帮助学科学习，而是把注意力焦点全面转向关注孩子的情绪，共情失败。 坚持情绪日记 1~2 个月，尝试召开吐槽大会。 小学的孩子，建议： 1. 试着延长孩子的听阅读时长，听的内容围绕孩子兴趣即可，每周一次，邀请孩子把听的内容讲一讲，大概 15 分钟，父母提问； 2. 带领孩子用语文课本玩影子游戏； 3. 增强背诵，每周制定背诵古诗的目标 初高中的孩子，建议： 1. 执行换词游戏； 2. 周末约定好时长，引导孩子看一看 B 站上对应年龄段的语文视频课； 3. 关注康震、意公子、都靓等博主，试着从古诗词培养兴趣； 4. 增强背诵，每周制定背诵古诗、古文的目标； 5. 增强文学作品阅读，参考我们的书单，假期固定时长。 最后，无论年龄段，如果孩子语文成绩长期不及格，建议医院诊断一下阅读障碍
学习流程	小学校内考试介于满分的 80%~90% 初中校内考试介于满分的 65%~85% 高中校内考试介于满分的 55%~75% （语文不同于其他学科，主观题较多，所以优秀标准稍低一些）	家长着重帮助孩子重建学习流程： 第一，仍旧建议，一定要坚持情绪日记，提升家庭能量，为孩子的改变创造良好的环境基础； 第二，聚焦语文学科，循序渐进落地学习流程——专注、思维深度、错题（语文也可以执行错题日复习法）。 •3 层学习习惯，建议逐层落实，每层尝试至少 1~2 个月 •每层落实时，也建议逐步落地（比如放学回家行动地图的清北方法版，有 8 个步骤） •在某层的某个具体方法卡壳、出现问题时，可以降级训练，也可以暂时跳过

2. 已经到达优秀线

小学高于校内考试的 90%
初中高于校内考试的 85%
高中高于校内考试的 75%
分板块诊断

问题分类	具体诊断方法	学习能力提升方案		
		小学	初中	高中
字词句能力	基础知识丢分≥2分	**根据孩子错题类型，选择对应的解决方案** 1.解决错别字问题，执行拆字组词游戏、错字医生游戏 2.解决拼音问题，两轮拼音标注法 3.其他基础题型，如病句、仿写等如有问题用2066法则突破		基础题型，如病句、仿写等如有问题用2066法则突破
记忆能力 文言积累能力	文言文或古诗丢分≥3分	**以下四个方法根据丢分情况进行选择** 1.默写类：图像关联法、填空法 2.翻译/断句类：口头逐字翻译法 3.赏析理解类：2066法则 4.文化/文学常识类：思维导图整理 **以下一项选做** 积累历史人物背景素材，阅读"自学星球"子贤老师推荐书单		
阅读理解能力	现代文阅读理解丢分≥3分	**以下三个方法建议同步** 1.增加课外阅读量，阅读新课标推荐阅读书目、"自学星球"子贤老师推荐书单 2.增强文字感受力，执行影子故事法、换词游戏 3.执行两刷真题法	**以下两个方法建议同步** 1.增强文字感受力，执行换词游戏 2.积累写作手法，执行两刷真题法	**以下三个方法建议同步** 1.增强文字感受力，执行换词游戏 2.培养批判性思考的能力，定期阅读批判性文章/书籍/视频节目 3.执行两刷真题法
	实用类文本阅读丢分≥2分		1.B站上搜索专门的题型视频，学习做题方法 2.用2066法则专项突破	
写作能力	小学作文分数≤90% 初高中不是一类文	第一步：增强写作画面感，进行五感输出练习 **如果错别字多，还需执行第二、三步** 第二步：改正错别字，拆字组词游戏、错字医生游戏 第三步：解决拼音问题，两轮拼音标注法	**以下两个方法建议同步** 1.增强写作画面感，五感输出练习 2.提升记叙文写作能力；对比叙事结构法、成长故事打磨法	**以下两个方法建议同步** 1.增强写作画面感，五感输出练习 2.提升议论文写作能力；立意公式法、真题素材练习法

　　语文学科的诊断主要按照得分模块进行区分，分为基础知识、古诗文/文言文、现代文阅读和作文。其中基础知识包括小学、初中的字音字形，高中的语言文字应用等题型。

英语学科的诊断

1. 分数就是血常规 先看孩子的分数段，用分数做初步诊断		
主要问题 问题一定是一系列的 分析问题要抓 主要矛盾	**具体诊断方法**	**学习能力提升方案**
畏难情绪 学习动力	小学校内考试低于 80% 初中校内考试低于 70% 高中校内考试低于 60%	家长要帮助孩子，但不是直接帮助学科学习，而是把注意力焦点全面转向关注孩子的情绪，共情失败：坚持情绪日记 1~2 个月，尝试召开吐槽大会。 小学的孩子，建议： 1. 带着孩子降级听上学期的英语课文，执行影子跟读法； 2. 带着孩子学习自然拼读或音标； 3. 背单词建议使用词典笔辅助； 4. 引导孩子尝试一下英语配音游戏 初高孩子，建议： 1. 使用词典笔辅助，尝试刷书法； 2. 周末约定好时长，引导孩子看一看 B 站上对应年龄段的英语视频课； 3. 引导孩子尝试一下英语配音游戏
大概率存在 词汇问题 （小学生的表现多为拼写问题） （初高中学生的表现为全方位问题） **同时存在 语法问题 知识漏洞背后 一定有 行为漏洞**	小学校内考试介于满分的 80%~95% 初中校内考试介于满分的 70%~90% 高中校内考试介于满分的 60%~80%	小学： 第一步：学期中执行影子跟读法 3 个月（主要利用课本，预习或复习） 第二步：学期中在英语学科循序渐进执行学习流程——专注、思维深度、错题 第三步：同步对反复拼写出错的单词，进行速读例句练习 第四步：假期执行刷书法 初高中： 第一步：建议先解决词汇问题，学期中利用碎片时间，执行 2~3 个月刷书法 第二步：学期中在英语学科循序渐进执行学习流程——专注、思维深度、错题 第三步：学期中每 1~2 周一次，一次 30 分钟，自己按模块梳理语法知识点（讲解或绘制思维导图） 第四步：假期执行影子跟读法 1 个月（主要利用课本，复习）

2. 已经到达优秀线

小学高于校内考试的 90%
初中高于校内考试的 85%
高中高于校内考试的 75%
分板块诊断

听力能力	听力扣分 ≥ 2 分	影子跟读法
语法能力	语法选择 / 填空、词语变形或完型填空的语法填空或作文因为写错句子扣分有某项丢分 ≥ 2 分	**以下 3 个方法建议同步** 1. 对英语作业执行高效作业 8 步法 2. 每周一次，一次 30 分钟，自己按模块梳理语法知识点（讲解或绘制思维导图） 3. 行错题日复习法 （作文需要重写出错的句子，写对为止）
写作能力	作文丢分 ≥ 2 分但没有语法、病句只是缺乏好句子或好结构	**亮点仿写法** 初中：《万唯中考英语满分作文》 高中：《新东方高考英语写作：读后续写讲练大全》或《新东方英语写作 120 篇》
超纲词汇 +长难句	阅读理解丢分 ≥ 3 分且一般后几篇阅读出错更多	**以下 2 个方法建议同步** 1. 长难句分析练习 2. 用刷书法记忆越级词汇
语感能力	完型填空、首字母填空或七选五某项丢分 ≥ 2 分感觉自己语法知识都懂，但还是错	**练习方式 3 选 1** ·2066 法则 + 速读回听法（1 个月，20 篇） ·影子跟读法（1 个月，20 次，每次 40 分钟，用中考 / 高考真题，建议用听力部分的短文题） ·汉译英练习法（1 个月，20 篇）

英语学科与语文类似，同样按照不同模块进行分类提升。

如何为孩子制定因材施教的点燃方案

通过使用学习问题诊断全图与学科诊断清单，家长可以根据孩子某一学科的成绩或自我提问，诊断出孩子的真问题，即知识漏洞背后的行为漏洞。

接下来，我们需要把诊断变成行动计划，推动孩子真正做出行为改变，体验成功。

就像医生开药，不能只给药，不给服药的指导（比如每天吃几次，什么时候吃，等等）。

因此，我们为大家提供了行动计划的工具——**月度目标地图**。

是什么——月度目标地图是什么，分为几个部分？

目标系统：找到孩子学习的问题在哪里

战略系统：为了达成目标，我的第一阶段做什么（符合 4 个 1 聚焦原则）

战术系统：具体每天如何执行（符合 4 有原则）

保障系统：做不到怎么办（家庭总能量保驾护航）

孩子年级：_____	孩子当前各科成绩：_____

成绩区间：中等偏下□　　中等偏上□　　优秀□

要解决的问题：_____

（1. 问题 = 目标与现状的差距）

（2. 目标可以是远期目标，也可以是近期目标，但为了量化，建议转化成分数目标，这样好和当前的分数做比较）

（3. 不知道目标是什么，可以暂时放弃，直接着手改变一个学科）

（4. 填写各科成绩时，把每科满分也写在成绩后面，例：语文 95/100）

我的第一阶段怎么做

一个学科 在目标与现状的差距里 优先选取一个学科		**一个弱点** 在这个学科当中找到自己的薄弱点	
一个方法 选择一个方法或者一个流程		**一个阶段（不建议超过 2 个月）** 从什么时候开始，到什么时候结束	
需要的外部资源（书籍、教辅、课程、工具等） 这个流程或方法，需要用到什么外部资源吗？ 如果需要，请列出			

具体每天怎么做

	周计划 每周需要执行这个方法几次， 在周几	**巩固** 这个方法周末是否需要巩固和复习 （如果需要，请规划）
每周时间安排		
每日时间安排 这个方法打算几点到几点应用		
每日任务量 应用这个流程或方法需要完成多少 任务（可以是每天，也可以是每次）		
每日的执行标准 可以参考方法的执行标准		

做点准备，为了能"真正做到、体验成功"

过程中做不到时怎么办？	
是否需要父母监督 （选择一种监督方式）	☐ 1. 相信我，不需要监督 ☐ 2. 提醒我目标 / 计划，但不要唠叨细节 ☐ 3. 直接检查 / 抽查我的执行结果
挑一句激励自己的话 （建议从贴纸中挑一句）	
爸爸妈妈做什么一起进步 贴上家长月度目标卡片 并让家庭成员签字确认	签字：

怎么用——月度目标地图的填写规则？

第 1 部分——目标系统：孩子的问题在哪里

学习的问题在哪里
孩子年级： _____　　**孩子当前各科成绩：** _____
成绩区间： 中等偏下☐　　中等偏上☐　　优秀☐
要解决的问题： _____
（1. 问题 = 目标与现状的差距）
（2. 目标可以是远期目标，也可以是近期目标，但为了量化，建议转化成分数目标，这样好和当前的分数做比较）
（3. 不知道目标是什么，可以暂时放弃，直接着手改变一个学科）
（4. 填写各科成绩时，把每科满分也写在成绩后面，例：语文 95/100）

不管孩子的成绩如何，这一部分都需要全部完成填写。

首先将孩子最近一次的各科成绩填写好，与学习问题诊断全图中的分数线进行对比，并勾选孩子的成绩区间。

- **中等偏下的标准主要参考学校排名，如果没有排名，小学参考平均分 80，初中参考总成绩 70%，高中参考总成绩的 60%**
- **优秀的标准主要参考学校排名，如果没有排名，小学参考平均分 95，初中参考总成绩的 90%，高中参考总成绩的 80%**

结合孩子的成绩，与自己或者孩子的目标分数相对比，找到目标与现状的差距，这就是当下要解决的问题，将问题填写在表格当中的横线上。

我的第一阶段做什么			
一个学科 在目标与现状的差距里 优先选取一个优势学科		**一个弱点** 在这个学科当中找到自己的薄弱点	
一个方法 选择一个方法或者一个流程		**一个阶段（不建议超过 2 个月）** 从什么时候开始，到什么时候结束	
需要的外部资源（书籍、教辅、课程、工具等） 这个流程或方法，需要用到什么外部资源吗？ 如果需要，请列出			

1. 孩子成绩在中等偏下

当孩子的成绩在中等偏下时，根据学习问题诊断全图，家长首先要进行自我的改变，暂时不需要强迫孩子进行行为上的改变。所以不用着急填写一个学科和一个弱点。

这两个部分空出来。只需要在训练营适合家长的方法中，挑选自己需要做的，比如情绪日记、吐槽大会等，选一个填写在"一个方法"的空格当中。并给自己规划一个阶段，不建议超过两个月。

实施方法的过程中，我们肯定也需要一些助力，比如课程、笔记本等，将需要的外部资源填写在对应的空格当中，这样当自己执行过程中遇到问题时，能够及时找到解决方案。

2. 孩子成绩在中等偏上

当孩子的成绩在中等偏上时，根据学习问题诊断全图，孩子需要改变的是一个流程，暂时不用具体到一个弱点上。因此家长和孩子需要选择一个学科（建议从优势学科开始）和一个流程（建议从专注流程开始）填写到对应的空格当中，"一个弱点"留空不填，直接开始规划一个阶段即可。

执行流程之前，需要想一想孩子要用到的外部资源，比如参考书籍、教辅等。做好完全的准备之后，再开始进行详细的规划，避免做到一半发现需要新的工具，这就可能导致中途出现各种意外情况。

3. 孩子成绩在优秀线以上

当孩子的成绩在优秀线以上时，需要重点关注孩子在某个学科上的弱点，再引入一个方法，帮助孩子进行某个题型的突破。这个方法可以从学科诊断清单当中选出，根据试卷的丢分情况，选择对应的方法运用 2066 法则突破。

需要的外部资源同理，将流程与方法涉及的书籍、教辅、工具等都准备好之后，再进行下一步的四有原则定计划。

具体每天怎么做		
每周时间安排	**周计划** 每周需要执行这个流程或方法 几次，在周几	**巩固** 这个流程或方法周末是否需要 巩固和复习 （如果需要，请规划）
每日时间安排 这个流程或方法打算几点到几 点应用		
每日任务量 应用这个流程或方法需要完成 多少任务 （可以是每天，也可以是每次）		
每日的执行标准 可以参考方法的执行标准		

定好 4 个 1 聚焦的流程或方法之后，就需要落到每一周、每一天具体的安排。这些安排要遵循 4 有原则：

a. 有周计划

b. 有每日时段计划

c. 有任务计划

d. 有执行标准

不管是家长自己执行还是孩子执行，都需要遵循这 4 个原则，对每一天有清晰的安排和标准之后，才能够做到长期坚持。如果某一天的时间安排或任务安排不清晰，家长或者孩子就有可能因为模棱两可，而产生懈怠的情绪，导致任务没有按时或者按要求完成。

做点准备，为了能"真正做到、体验成功"	
过程中做不到时怎么办?	
是否需要父母监督 （选择一种监督方式）	☐ 1. 相信我，不需要监督 ☐ 2. 提醒我目标 / 计划，但不要唠叨细节 ☐ 3. 直接检查 / 抽查我的执行结果
挑一句激励自己的话 （建议从贴纸中挑一句）	
爸爸妈妈做什么一起进步 贴上家长月度目标卡片 并让家庭成员签字确认	签字:

　　最后一个板块，主要是为孩子进行鼓劲加油，思考弹性空间，给孩子一些调整的余地，绝对的标准只会让孩子逐渐畏难。孩子可以选择是否需要家长的监督指导，以及督促的方式。家长要给足孩子自主选择的空间。

　　同时为了陪伴孩子，家长在这一个月时间里也需要在目标卡片当中选择一个方法进行坚持，与孩子一起落地，一起成功。

　　这一部分的目的主要是保障孩子的执行情况，因此如果家长选择了先自我提升，可以忽略本模块。或者选择一种孩子监督自己的方式，保证自己能够坚持完成。

以一个实际案例为大家演示说明，点燃方案的制定过程

孩子高一，在深圳市重点中学：深大附中

孩子期中考试成绩总分 506 分，家长有些焦虑

远期目标比较模糊——想上 211 大学

孩子目前的相对优势学科是英语（100＋），其他科比较薄弱

点燃方案应该如何制定？如何落实？

第 1 部分——目标系统：孩子的问题在哪里

将孩子的各科成绩填写在表格当中，结合诊断问题全图，该孩子的成绩在中等偏上

这一部分也只有一个空需要思考之后填写，就是"需要解决的问题"，可以从以下 3 个角度进行切入：

a. 问题 = 目标与现状的差距

b. 目标可以是远期目标，也可以是近期目标，但为了量化，建议转化成分数目标，这样好和当前的分数做比较

c. 不知道目标是什么，可以暂时放弃，直接着手改变一个学科

这个深圳的孩子，目标比较明确，想上 211，虽然没有具体的大学，但是分数要达到 600 分左右，所以这个孩子要解决的问题就是：全科总分 506 分提升到全科总分 600 分

学习的问题在哪里

孩子年级： 　　高一

孩子当前各科成绩： 语文 90/150 数学 86/150 英语 100/150 历史 70/100 政治 78/100 地理

成绩区间： 中等偏下□　　中等偏上☑　　优秀□

要解决的问题： 　　　　全科总分 506 分提升到全科总分 600 分

（1. 问题 = 目标与现状的差距）

（2. 目标可以是远期目标，也可以是近期目标，但为了量化，建议转化成分数目标，这样好和当前的分数做比较）

（3. 不知道目标是什么，可以暂时放弃，直接着手改变一个学科）

（4. 填写各科成绩时，把每科满分也写在成绩后面，例：语文 95/100）

第 2 部分——我的第一阶段怎么做

为什么是第一阶段？因为先开始，再完美。这一个板块里最重要的就是 4 个 1 聚焦，智慧的父母帮孩子做减法，建议在相对优势学科，找到这 4 个 1：

a.1 个学科

b.1 个弱点

c.1 个方法

d.1 个阶段

这个深圳的孩子，优势学科是英语，分数是 100 分左右，根据诊断全图与英语学科诊断清单判断，大概率是词汇有问题，对应的方法就是刷书法，先执行一个月试一试。外部资源可以自行选择，通过对比《星火》与《新东方 3500 个高考词汇》，孩子选择了后者。

我的第一阶段怎么做			
一个学科 在目标与现状的差距里 优先选取一个优势学科	英语	**一个弱点** 在这个学科当中找到自己的薄弱点	词汇
一个方法 选择一个方法或者一个流程	刷书法	**一个阶段（不建议超过 2 个月）** 从什么时候开始，到什么时候结束	1 个月 2023.5.1— 2023.5.31
需要的外部资源（书籍、教辅、课程、工具等） 这个流程或方法，需要用到什么外部资源吗？ 如果需要，请列出	《新东方 3500 个高考词汇》		

第 3 部分——具体每天怎么做

定好一个月的阶段计划后，就需要落到每一天的安排，这就要遵循 4 有原则，帮助自己明确每一天要做的事情

a. 有周计划

b. 有每日时段计划

c. 有任务计划

d. 有执行标准

具体到每天时，一定按照自己的实际情况进行规划，比如周中一般是早上、晚上时间比较充足，周末就可以安排在下午。这个深圳的孩子，给自己制定的点燃方案就是，每周一到周六进行刷新词，周日进行巩固。加上复习时间，每天大概 50 分钟，可以刷 150 个单词，那么一个月下来基本就可以把 3500 个词汇刷完了。

<table>
<tr><th colspan="3">具体每天怎么做</th></tr>
<tr><td rowspan="2">每周时间安排</td><td>周计划
每周需要执行这个流程或方法
几次，在周几</td><td>巩固
这个流程或方法周末是否需要
巩固和复习？
（如果需要，请规划）</td></tr>
<tr><td>周一 ~ 周六每天刷 4 组</td><td>周日完成本周单词的巩固复习</td></tr>
<tr><td>每日时间安排
这个流程或方法打算几点到几
点应用</td><td>6:40~7:20 刷书（第 1~3 次）
20:00~20:10 复习（第 4 次）</td><td>白天：14:00~14:40
20:00~20:10 复习白天不会的</td></tr>
<tr><td>每日任务量
应用这个流程或方法需要完成
多少任务
（可以是每天，也可以是每次）</td><td>每天刷 150 个单词
每组 50 个</td><td>900~1000 个</td></tr>
<tr><td>每日的执行标准
可以参考方法的执行标准</td><td colspan="2">1. 每日严格按照刷书法的流程执行
2. 每日记录晚上依旧不会的单词，第二天抽时间复习一遍
3. 周日记录晚上复习时依旧不会的单词，周一抽时间再复习一遍</td></tr>
</table>

第 4 部分——做点准备，为了能真正做到：体验成功

最后一个板块，主要是为孩子进行鼓劲加油，思考弹性空间，给孩子一些调整的余地。绝对的标准只会让孩子逐渐畏难。孩子可以选择是否需要家长的监督指导，以及督促的方式。家长要给足孩子自主选择的空间。

同时为了陪伴孩子，家长在这一个月时间里也需要在目标卡片当中选择一个方法进行坚持，与孩子一起落地，一起成功。

<table>
<tr><td colspan="2" align="center">做点准备，为了能"真正做到、体验成功"</td></tr>
<tr><td>过程中做不到时怎么办？</td><td>1. 看看难度是不是高了，要不要降低标准；
2. 看看是不是情绪不佳，休息一下，第二天或第三天继续，最多调整 2 天</td></tr>
<tr><td>是否需要父母监督
（选择一种监督方式）</td><td>☐ 1. 相信我，不需要监督
☑ 2. 提醒我目标 / 计划，但不要唠叨细节
☐ 3. 直接检查 / 抽查我的执行结果</td></tr>
<tr><td>挑一句激励自己的话
（建议从贴纸中挑一句）</td><td>想都是问题，干都是答案</td></tr>
<tr><td>爸爸妈妈做什么一起进步
贴上家长月度目标卡片
并且家庭成员签字确认</td><td>情绪日记

签字：</td></tr>
</table>

月度目标行动地图的填写、沟通与达成一致，标志着孩子和家长在某一项学习任务上达成了共识，有了明确的努力方向，并把学习方法转变成了行动计划，按照计划执行即可，直到约定的期限结束。

注意，执行的过程中，家长是支持者，而非单纯的监督者。因为这是双方共同的目标。

第一阶段结束后，按照同样的流程：积极信念→共情→诊断→制订因材施教的行动计划，和孩子达成第二阶段的动力点燃方案，如此循环往复，在一次次的循环中，学习者的学习技能会越来越强，学习动力也会越烧越旺，最终形成正向循环。

怎么用——月度目标地图如何高效使用?

1. 家长先自己准备,打个草稿

在草稿纸上填写目标系统、战略系统

做一个详细的准备

2. 家长琢磨一下战术系统的"底线"

家长认为孩子每周至少应该干几次,有没有时间干

每天大概几点干,任务量是多少

3. 和孩子坐下来,开会

把表格填写完成

4. 在孩子容易看到的地方张贴表格,视觉化,并开始执行

过程里出现了巨大分歧:

1. 结束会议

2. 转向目标型家庭会议挽救清单——梳理分歧的本质原因

3. 重新开会,引入新的战略、战术

4. 重新达成一致,开始执行

孩子不愿落实动力点燃方案怎么办？试试"目标型家庭会议挽救清单"

点燃学习动力的关键是体验成就，体验学习成就的关键是聚焦弱点改变行为，改变行为的前提是目标一致。

在学科诊断清单部分，我们学会了如何分析孩子的弱点——知识漏洞的背后，必有行为 + 方法的漏洞。

在共情技能的部分，我们学会了如何处理孩子学习路上的情绪障碍；

在积极信念的部分，我们也通过练习，修正了自己底层的信念系统；

帮助孩子重燃学习动力，成功的最后一步——与孩子达成一致目标，制订双方都接受的学习计划，并坚持执行。

但在这一步上，依旧有部分家庭会出现矛盾——矛盾的本质，是目标不一致。

首先家长要坚信：孩子和家长一样，也希望自己能继续向上。

但为什么在具体的学习方法、学习任务选择上，依旧会目标不一致呢？

比如家长经常抱怨，孩子也想变好，但跟他说了方法，孩子就是懒，不愿意执行，嘴上的巨人，行动上的矮子。

首先家长要接纳这很正常，我们作为成年人应当明确：即使家长学习了诊断，拥有了强大的诊断清单，但孩子是否认同并信任家长的诊断，是否愿意做出行为层面的尝试，需要沟通。

因为无论好坏，孩子往往都拥有一套自己的学习方法，而且学校的学习任务重，时间也很紧张，任何改变都意味着

1. 重新投入认知资源理解一个方法；

2. 重新投入时间资源尝试一个方法；

3. 重新投入心理资源做好失败准备，因为换方法可能成功，也可能失败；

更何况，有些家庭还存在着长期积累的情绪问题。

总之，改变需要克服强大的"心理惯性"。所以子贤老师经常讲，改变方法就像火车换轨，如果没有变轨器强行换轨，"震动很厉害"非常正常，严重点"翻车"也可以预料。

目标型家庭会议挽救清单，就是一个"变轨器"。孩子没有顺畅地接纳我们的动力点燃方案，或者接受了方案，但执行一段时间之后不再坚持，且情绪波动较大，这些现象都很正常。

我们针对这样的情形设计了一个工具，帮助家长和孩子梳理到底哪里不一致，重新调整轨道，"挽救"这次通向成功的机会。

"目标型家庭会议挽救清单"是用来解决问题的，是兜底的保障。如果孩子很顺利地接纳了动力点燃方案，执行时也没有巨大的矛盾与冲突，可以直接跳过。

"目标型家庭会议" 挽救清单

	自我提问	实例	提示与说明
1	我开会的唯一 1 个目标是什么？	我希望孩子历史成绩提升	先从一个学科目标入手，因为学科目标往往统一 聚焦原则：4 个 1 聚焦 聚焦激发善意，求全诱导恐惧
2	孩子是否当下有平稳的情绪基础谈论类似这样比较严肃的话题？	孩子愿意开会	该问题决定了家庭会议的有效性 如果孩子不愿意开会，先改善日常沟通，或等待一段时间
3	家长认为是什么原因，导致目标达不成？（找寻目标达不成的原因）	他不愿意背诵	区分目标与原因： 目标：提升历史成绩 原因：不愿背诵
4	站在孩子的立场上，他怎么想以下2 个问题？ a. 他的目标是否和我一致？ b. 他是否认同我的原因分析？	目标应该认同 原因不清楚是否认同	找寻第三选择，真正达成一致，解决矛盾
5	达成目标还存在其他的可能性吗？	不知道	
6	关于这个目标的实现，我身边能利用的资源有什么？我利用到位了吗？	知乎和 B 站，我可以搜索	
7	孩子刚开始行动，做到什么标准双方都能接受？	先开始，再完美	

结语

家长朋友们，再次欢迎大家：踏上了生命教育的道路！

能共情，会诊断，帮落地——点燃孩子的学习动力。

更重要的，终身学习，终身成长。

爱自己，提认知，少焦虑——我们自己，也值得成为更好的自己。

实践是检验真理的唯一标准。

期待听到大家落地的好消息！